feel FRANCE 100

言葉と写真で感じる
フランスの暮らしとスタイル

IROHA PUBLISHING

Introduction

古代ローマの時代から綿々と続く伝統と、時代の先端をゆく洗練さを
持ち合わせるフランス。私たちが憧れる、自由で愛情あふれる国です。

この本では、さまざまな時代のなかでフランスに生きた文学者、哲学
者、芸術家たちが紡いだ言葉を、日常のシーンを切り取った写真ととも
もに紹介しています。

古びれることのない言葉の端々からは、今日のフランスの人々の考え
方や気品へとつながるエッセンスが垣間見られ、そのなかには、わた
したちが心地よく生きるためのヒントがつまっています。

なかなか思うようにいかない、何かと慌ただしい毎日が続いています。
そんな日々のなかで、ゆっくりとページをめくりながら言葉をたどり、
フランスの街並みを歩いているような、そして、そこに暮らしている
かのようなおだやかな時間を過ごしていただければ幸いです。

いろは出版

目次

Chapitre 1 | Regarder
見つめる　　　　　P.7

Chapitre 2 | Penser avec souplesse
しなやかに考える　　P.35

Chapitre 3 | Aimer
愛する　　　　　　P.63

Chapitre 4 | Avoir un esprit ouvert
とらわれない　　　P.87

Chapitre 5 | Vivre avec fierté
胸を張る　　　　　P.113

Chapitre 6 | Profiter de chaque jour
日々を楽しむ　　　P.141

Chapitre 7 | Vivre en beauté
美しく生きる　　　P.167

Chapitre 1

Regarder

見つめる

わたしはまだ何も知らない。
だから知ろうとすることは大切なのです。

Que sais-je ?

ミシェル・ド・モンテーニュ（哲学者）
1533~1592

002

どんなに遠くても、
一歩ずつ進めば必ずたどり着く。

Pas à pas, on va loin.

ことわざ

003

他人の人生と比べるのはやめて、
自分の人生を楽しもう。

Profitez de votre propre vie sans la
comparer à celle d'une autre.

ニコラ・ド・コンドルセ（数学者）1743~1794

ゆっくりと、でも確実に。

Lentement mais sûrement.

ことわざ

好きなものが手に入らなければ、
手にしているものを好きになればいいのです。

Quand on a pas ce que l'on aime,
il faut aimer ce que l'on a.

ことわざ

思い出とは魂の香りなのです。

Le souvenir est le parfum
de l'âme.

ジョルジュ・サンド（作家）
1804~1876

成功しても満足してはいけない。
それはただの結果であって、
ゴールはまだ先にあるのだから。

Le succès est une conséquence
et non un but.

ギュスターヴ・フローベール（小説家）
1821~1880

008

涙でいっぱいの目ほど
美しいものはない。

Les plus beaux yeux pour moi sont
des yeux pleins de larmes.

エドモン・ロスタン（劇作家）1868~1918

わたしは考えている。
つまり、わたしが存在している証だ。

Je pense, donc je suis.

ルネ・デカルト（哲学者）
1596~1650

自分の強さがわかっている人は、
自然と謙虚になるものだ。

La conscience de notre propre force
nous rend modestes.

ポール・セザンヌ（画家）
1839~1906

難しいのは上ることではなく、
上りながらも自分を見失わないこと。

Le difficile n'est pas de monter,
mais en montant de rester soi.

ジュール・ミシュレ（歴史家）
1798~1874

チャレンジしなければ、なにも手に入らない。

Qui ne risque rien n'a rien.

ことわざ

だれかが想像したことなら、
必ず実現できる。

Tout ce qu'un homme est capable d'imaginer,
un autre est capable de le réaliser.

ジュール・ヴェルヌ（小説家）
1828~1905

すべてのものは確かである、
ということ自体が確かではない。

Il n'est pas certain que tout soit certain.

ブレーズ・パスカル（科学者・哲学者）
1623~1662

生きなおすのなら、なにも変えずにもう一度
この人生を生きなおしたい。
ただし、ほんの少しだけ今より大きく
目を開きながら。

Si je devais recommencer ma vie,
je n'y voudrais rien changer ;
seulement j'ouvrirais un peu plus grand les yeux.

ジュール・ルナール (小説家)
1864~1910

Chapitre 2

Penser avec souplesse

しなやかに考える

何かを決めるときは、
一晩寝かせてからにしよう。

La nuit porte conseil.

ことわざ

自由になりたいと思ったとき、
人は自由になれるのです。

L'homme est libre au moment
qu'il veut l'être.

ヴォルテール（哲学者）
1694~1778

鳥は少しずつ巣を作っていく。
（塵も積もれば山となる）

Petit à petit l'oiseau fait son nid.

ことわざ

人生のほとんどすべての不幸は、
自分の身に起こることについて、
あやまった考え方をするところから生じる。
人をとことん理解すること、
できごとを健全に判断することは、
幸福への大きな第一歩である。

Presque tous les malheurs de la vie
viennent des fausses idées que nous
avons sur ce qui nous arrive.
Connaître à fond les hommes,
juger sainement des événements,
est donc un grand pas vers le bonheur.

スタンダール（小説家）1783~1842

秋というのは、冬にとっての春である。

（厳しい季節の前には穏やかな季節がある）

L'automne est le printemps de
l'hiver.

トゥールーズ＝ロートレック（画家）
1864~1901

わたしは、見るために
目を閉じることにしている。

Pour voir, je ferme les yeux.

ポール・ゴーギャン（画家）
1848~1903

人生なんてもっと気楽に考えたらいい。
生きている限り、人生に終わりはないのだから。

Ne prenez pas la vie trop au sérieux, de toute façon,
vous n'en sortirez pas vivant.

ベルナール・フォントネル（著述家）
1657~1757

ただ幸せになることだけを望むなら、
やがては実現するだろう。
だが人は、他人よりも幸せになりたいと望むもの。
これを実現するのは難しい。
なぜなら他人の幸せは、
実際よりも幸せに見えるものだから。

Si on ne voulait qu'être heureux, cela serait bientôt fait.
Mais on veut être plus heureux que les autres,
et cela est presque toujours difficile parce que nous
croyons les autres plus heureux qu'ils ne sont.

シャルル・ド・モンテスキュー（哲学者）
1689~1755

熱湯でやけどした猫は、
冷たい水も怖がるようになる。
（失敗の経験があっても、慎重になりすぎることのないように）

Chat échaudé craint l'eau froide.

慣用句

025

つらいのは最初の一歩だけ。

Il n'y a que le premier
pas qui coûte.

ことわざ

耳と目は、魂の扉であり、

心の窓でもあるのです。

Les oreilles et les yeux sont les portes et les
fenêtres de l'âme.

ジョゼフ・ジュベール (思想家)
1754~1824

自分の意見が誤っている可能性を認めること。
それだけが、自分の正しさの証明になる。

Prouver que j'ai raison serait accorder
que je puis avoir tort.

カロン・ド・ボーマルシェ（劇作家）
1732~1799

028

なぜ人は、他人の意見に基づいて
幸せを築くのだろう？
幸せは私たちの心の中にあると
いうのに。

Pourquoi devrions-nous
construire notre bonheur sur les
opinions des autres, alors que
nous pouvons le trouver dans
notre propre cœur ?

ジャン＝ジャック・ルソー（哲学者）
1712~1778

自由であること以上に、豊かな驚きに充ちたものはない。
しかし、自由の意味を学ぶことほど
難しいものはありません。

Il n'est rien de plus fécond en merveilles que l'art
d'être libre ; mais il n'y a rien de plus dur que
l'apprentissage de la liberté.

アレクシ・ド・トクヴィル（政治家）
1805~1859

030

偉大なことを成し遂げるためには、
行動だけではなく夢見ることも必要である。
そして、計画だけでなく、
信じることもまた必要なのである。

Pour accomplir de grandes choses,
nous devons non seulement agir mais aussi rêver ;
non seulement planifier, mais aussi croire.

アナトール・フランス（小説家）1844~1924

Chapitre 3

Aimer

愛する

恋は落ちるもの。言葉などいらない。

Entre deux cœurs qui s'aiment,
nul besoin de paroles.

マルスリーヌ・デボルド゠ヴァルモール（詩人）
1786~1859

50通も手紙も、1時間の会話には敵わない。

Une heure de conversation vaut mieux que
cinquante lettres.

セヴィニエ夫人（貴族・書簡作家）
1626~1696

偉大なる愛は、
1人では抱えきれないほどの不幸があろうとも
心を軽くしてくれるのです。

Un grand amour rend léger tous les maux qui
nous semblent trop lourds à porter seul.

ジョルジュ・サンド（作家）
1804~1876

人が心から恋をするのは
ただ一度だけである。
それが初恋だ。

L'on n'aime bien qu'une fois :
c'est la première.

ジャン・ド・ラ・ブリュイエール（作家）
1645~1696

真実を愛すること。ただし、誤りは許すこと。

Aime la vérité mais pardonne l'erreur.

ヴォルテール（哲学者）
1694~1778

人生には1つの幸せしかない。
それは愛すことと愛されることだ。

Il n'y a qu'un bonheur dans la vie,
c'est d'aimer et d'être aimé.

ジョルジュ・サンド（作家）
1804~1876

同時に2つの唇を追いかけてはならない。
（二兎を追う者は一兎をも得ず）

Il ne faut pas courir deux lèvres à la fois.

オノレ・ド・バルザック（小説家）
1799～1850

あなたが幸せなら、私のことは忘れてください。
でも、もし不幸なら、
私のことを覚えておいてほしい。

Si tu es heureuse, oublie-moi ; si tu es
malheureuse, ne m'oublie pas.

ヴィクトル・ユゴー（作家）
1802~1885

人生において大切なことは、
なにを愛しているかということではなく、
愛しているということそのものなのです。

L'important dans la vie, ce n'est pas ce qu'on
aime, c'est d'aimer.

マルセル・プルースト（小説家）
1871~1922

人間が生まれながらにして持つたった1つの情熱とは
自己愛、あるいは広い意味での自尊心である。

La seule passion naturelle à l'homme
est l'amour de soi-même, ou l'amour-propre pris
dans un sens étendu.

ジャン＝ジャック・ルソー（哲学者）
1712~1778

今朝、私はただあなたに
薔薇を届けたかっただけなのです。

J'ai voulu ce matin te rapporter
des roses.

マルスリーヌ・デボルド゠ヴァルモール（詩人）
1786~1859

人間の心には3つの感情があります。
喜び、苦しみ、そして
この2つが共存する感情。
つまり愛です。

Il y a pour l'âme humaine trois façons de sentir :
le plaisir, la douleur et un troisième sentiment où
coexistent les deux autres : l'amour.

スタール夫人（作家）
1766~1817

人生が花だとしたら、
愛とは花の蜜である。

La vie est une fleur.
L'amour en est le miel.

ヴィクトル・ユゴー（作家）
1802~1885

どれほど愛していようとも、
愛しすぎるということはない。

En amour trop n'est
même pas assez.

カロン・ド・ボーマルシェ（劇作家）
1732~1799

Chapitre 4

Avoir un esprit ouvert

とらわれない

やってしまったことはやってしまったこと。

Ce qui est fait est fait.

ことわざ

私がなるべく上機嫌でいようと心がけているのは、
そのほうが健康でいられるからです。

Je me suis mis à être un peu gai, parce qu'on m'a dit
que cela est bon pour la santé.

ヴォルテール（哲学者）
1694~1778

今日できることを
明日に持ち越すのはやめよう。

Tout ce qui peut être fait
un autre jour, le peut être
aujourd'hui.

ミシェル・ド・モンテーニュ（哲学者）
1533~1592

メロディーが良くてもいい歌とはいえない。
（人は見かけによらぬもの）

L'air ne fait pas la chanson.

ことわざ

反論されるということは、
自分の存在が認められているということなのです。

Être contesté, c'est être constaté.

ヴィクトル・ユゴー（作家）
1802~1885

友情を長続きさせるためには、
お互いの小さな欠点には目をつぶったほうがいい。

L'on ne peut aller loin dans l'amitié, si l'on n'est pas
disposé à se pardonner les uns les autres les petits défauts.

ジャン・ド・ラ・ブリュイエール（作家）
1645~1696

051

幸運はとてもゆっくりと訪れるもの。
だから眠って待ちましょう。

C'est parce que la fortune vient en dormant
que celle-ci arrive si lentement.

アルフォンス・アレー（作家）
1854~1905

1人失えば、次は10人見つかる。

Un de perdu, dix de retrouvés.

ことわざ

過ぎゆく日々のなかで、
一番もったいない日というのは、
笑わなかった日のことである。

La plus perdue de toutes les journées
est celle où l'on n'a pas ri.

シャンフォール（劇作家）
1741〜1794

どんなに雨が降っても、必ず良い天気はやってくる。
（つらいことがあった後には、うれしいことがやってくるものだ）

Après la pluie, le beau temps.

ことわざ

すぐ手に入る成功など存在しないし、
なにもかもおしまいになるような
決定的な失敗も存在しない。

Il n'y a pas de réussite facile ni
d'échecs définitifs.

マルセル・プルースト（小説家）
1871~1922

食べるのも飲むのもほどほどにして、早寝すること。
これに勝る万能薬はこの世にはない。

De manger et de boire peu, de se coucher de
bonne heure, c'est la panacée universelle.

ウジェーヌ・ドラクロワ（画家）
1798~1863

たとえ話は、
何の証明にもならない。
（百聞は一見にしかず）

Comparaison n'est pas
raison.

ことわざ

痛みはいつか消え去っていくが、
美はいつまでも消えることがない。

La douleur passe la beauté reste.

ピエール＝オーギュスト・ルノワール（画家）1841~1919

Chapitre 5

Vivre avec fierté

胸を張る

いつも空を見上げていれば、
いつか翼が生えてくると信じています。

Je crois que si l'on regardait toujours les
cieux, on finirait par avoir des ailes.

ギュスターヴ・フローベール（小説家）
1821~1880

どんな壁にぶつかっても、
乗り越える力を持っているのは
自分自身。
乗り越えたいと願うしかない。

Quelles que soient les
barrières que l'on vous
oppose, il est en votre pouvoir
de vous en affranchir, vous
n'avez qu'à le vouloir.

オランプ・ド・グージュ（劇作家・女優）
1748~1793

誰にとっても人生は簡単なものでは
ありません。
だからこそ、粘り強さが必要ですし、
なによりも自分を信じることが大切です。
自分には目標を成し遂げる才能があり、
その目標はなにがなんでも
成し遂げなければならない。
そう信じなければならないのです。

La vie n'est facile pour aucun de
nous. Mais quoi, il faut avoir de
la persévérance, et surtout de la
confiance en soi. Il faut croire
que l'on est doué pour quelque
chose, et que, cette chose, il faut
l'atteindre coûte que coûte.

マリー・キュリー（物理学者・化学者）
1867~1934

「今」を楽しもう。

Carpe diem.

ホラティウス（詩人）
BC65~BC8

063

人生の大きな苦しみには勇気を、

小さな苦しみには忍耐をもつがいい。

一日の仕事をやっとの思いで成し遂げたら、

安らかな眠りにつくがいい。

神がずっと見守ってくださるはずだ。

Ayez le courage pour les grandes
douleurs de la vie et de la patience
pour les plus petites ; et quand vous
avez laborieusement accompli votre
tâche quotidienne, allez dormir en
paix. Dieu reste éveillé.

ヴィクトル・ユゴー（作家）1802~1885

064

私は自分の意見を述べる。
良い意見だから述べるのではない。
自分の意見だから述べるのだ。

Je donne mon avis non comme
bon mais comme mien.

ミシェル・ド・モンテーニュ（哲学者）
1533~1592

一等賞は与えられるものではない。
獲得するものだ。

Les premières places ne se donnent pas,
elles se prennent.

エドゥアール・マネ（画家）
1832~1883

涙があれば、言葉はなくても悲しみは伝わる。

Les larmes sont le langage silencieux du
chagrin.

ヴォルテール（哲学者）
1694~1778

暗闇の夜にいるときに大切なのは、
光を信じること。

C'est la nuit qu'il est beau de croire à la
lumière.

エドモン・ロスタン（劇作家）
1868~1918

果敢に挑む気持ちがあれば、
不可能なことなど何もない。

À cœur vaillant rien d'impossible.

ジャック・クール（資本家）
1395~1456

待つこと。
人間の英知はこの一語に集約できる。
最も偉大で、最も強く、最も技術に長けているのは、
待つことのできる者なのです。

Attendre. Toute la sagesse humaine est
dans ce seul mot. Le plus grand, le plus
fort, et le plus adroit surtout est celui qui
sait attendre.

アレクサンドル・デュマ（小説家）
1802~1870

人生は眠りで、愛はその中で見る夢なのです。
あなたが誰かを愛せたのなら、
人生を生きていたことになるでしょう。

La vie est un sommeil, l'amour en est le rêve,
et vous aurez vécu, si vous avez aimé.

アルフレッド・ド・ミュッセ（作家）
1810~1857

071

真実は子どもの口から
漏れていく。

La vérité sort de la bouche
des enfants.

ことわざ

どこに行きたいのかを知ること、
それは大事なことだ。
しかしさらにそこに行くことを
示す必要がある。

Savoir où l'on veut aller,
c'est très bien ; mais il faut
encore montrer qu'on y va.

エミール・ゾラ（小説家）
1840-1902

Chapitre 6

Profiter de chaque jour

日々を楽しむ

何をおいても、まずは音楽を。

De la musique avant toute
chose.

ポール・ヴェルレーヌ（詩人）
1844~1896

真の発見の旅とは、
新たな景色を探すことではなく、
新たな目を持つことである。

Le véritable voyage de découverte ne consiste
pas à chercher de nouveaux paysages,
mais à avoir de nouveaux yeux.

マルセル・プルースト（小説家）
1871~1922

笑いとは、人間だけに備わる特性なのです。

Rire est le propre de l'homme.

フランソワ・ラブレー（作家・医師）
1483?~1553

太陽はすべての人を照らす。
（誰もが平等に自然の恩恵を受ける権利がある）

Le soleil luit pour tout le monde.

ことわざ

CROI-

1.0

人は生きるために食べるのだ。
食べるために生きるのではない。

Il faut manger pour vivre et
non vivre pour manger.

モリエール（劇作家）
1622~1673

078

未来は早く起きた人のためにある。

（早起きは三文の徳）

L'avenir appartient à ceux
qui se lèvent tôt.

ことわざ

079

人は、どうしても自分が好きなことだけを
してしまうものだ。

L'homme n'est pas libre de ne pas faire
ce qui lui fait plus de plaisir que toutes
les autres actions possibles.

スタンダール（小説家）
1783~1842

喜びは、いつも苦しみのあとにやってくる。

La joie venait toujours
après la peine.

ギヨーム・アポリネール（詩人）
1880~1918

あらゆる幸福は
勇気と仕事で成り立っている。

Tout bonheur est fait de courage
et de travail.

オノレ・ド・バルザック（小説家）
1799~1850

健康でなければ、
分別をもった判断はできない。

Sans la santé, pas de clairvoyance morale.

ジョルジュ・サンド（作家）
1804~1876

083

冬を。穏やかな芸術の季節、
明晰な冬を。

L'hiver, saison de l'art serein,
l'hiver lucide.

ステファヌ・マラルメ（詩人）
1842~1898

084

幸せになりなさい。
ただし、敬虔な気持ちで幸せに
なるのです。

Soyez heureux,
mais soyez-le par la piété.

スタール夫人（作家）
1766~1817

085

時間の使い方を知っていれば、
自由な時間はいつでも見つかります。
なにもしていない人にかぎって、
なににつけても時間がないと言うものです。

On a toujours du loisir quand on sait
s'occuper ; ce sont les gens qui ne font
rien, qui manquent de temps pour tout.

ロラン夫人（政治家）
1754~1793

086

夢こそが未来をつくり出すためのもの。
夢に勝るものはない。

Il n'y a rien de mieux qu'un rêve
pour créer le futur.

ヴィクトル・ユゴー（作家）
1802〜1885

Chapitre 7

Vivre en beauté

美しく生きる

年老いることは、
自分が長生きしたことを
確認できる
たった一つの方法です。

Vieillir est encore le seul
moyen qu'on ait trouvé de
vivre longtemps.

シャルル＝オーギュスタン・サント＝ブーヴ
（文芸批評家）1804~1869

ダイヤモンドやピストルは、
人の心を揺るがす大きな力を持つ。
しかし、やさしい言葉には
さらに大きな力がある。
大きな価値があるものなのだ。

Les diamants et les pistoles
peuvent beaucoup sur les esprits ;
cependant les douces paroles ont
encore plus de force,
et sont d'un plus grand prix.

シャルル・ペロー（詩人）
1628～1703

人生は一度きり。

On n'a qu'une vie.

ことわざ

人の感性を見下さないこと。
それぞれの感性が
才能なのだから。

Ne méprisez la sensibilité de
personne. La sensibilité de
chacun, c'est son génie.

シャルル・ボードレール (詩人)
1804~1876

ベッドの整え方で寝心地は変わる。

（自業自得）

Comme on fait son lit, on se couche.

ことわざ

音楽をつくるのは調子である。

C'est le ton qui fait la musique.

ことわざ

093

勇気とは、自分自身の人生を理解すること。
勇気とは、人生を愛し、
穏やかに死を見つめること。
勇気とは、理想に向かい、
現実を受け止めることである。

Le courage, c'est de comprendre sa propre
vie… Le courage, c'est d'aimer la vie et de
regarder la mort d'un regard tranquille…
Le courage, c'est d'aller à l'idéal et de
comprendre le réel.

ジャン・ジョレス（政治家）1859〜1914

気をつけなさい。老いは、顔よりも心に
多くのシワを刻みつけるものなのです。

Prenons garde que la vieillesse ne
nous attache plus de rides à l'esprit
qu'au visage.

ミシェル・ド・モンテーニュ（哲学者）
1533~1592

真実より美しいものはない。
真実だけが愛すべきものである。

Rien n'est beau que le vrai :
le vrai seul est aimable.

ニコラ・ボアロー＝デプレオー（詩人）
1636~1711

人を愛することなく生きること、
それでは生きていることにはならない。

Et vivre sans aimer n'est pas
proprement vivre.

モリエール（劇作家）
1622~1673

人生とは、過去も未来も、
誰もが自分の内に持っている長編小説だ。

La vie est un roman que chacun
de nous porte en soi, passé et
avenir.

ジョルジュ・サンド（作家）
1804~1876

まだ目標には到達していない。
それでも、昨日よりは近づいている。

Vous n'êtes pas encore arrivés mais
vous êtes plus proches qu'hier.

ことわざ

義務はたった一つしか
ありません。
それは幸せになることです。

Il n'y a qu'un devoir c'est
d'être heureux.

ドゥニ・ディドロ（哲学者）
1713~1784

それが人生というもの。

C'est la vie.

ことわざ

写真クレジット　以下全て Shutterstock.com

p5:brodtcast, p8:Kathryn Sullivan, p10:Nando Machado, p12:adolf martinez soler, p14:Simon Dannhauer, p15:Maria Sbytova, p16:Erin Deleon, p18:Grisha Bruev, p20:bzzup, p22:Zheltikov Dmitry, p25:Asya Nurullina, p26:SebastienDupont, p28:Irina Wilhauk, p30:Rosalba Matta-Machado, p31:CherylRamalho, p32:SpiritProd33, p36:Asya Nurullina, p38:diignat, p41:Irina Kzan, p42:Pierre-Olivier, p44:JeanLucIchard, p46:Semmick Photo, p47:Alena Veasey, p48:Some things, p51:Gugu Mannschatz, p52:Telly, p54:visuall2, p55:Ryzhkov Oleksandr, p56:eversummerphoto, p59:JenJ_Payless, p60:Iakov Kalinin, p64:Repina Valeriya, p66:EQRoy, p67:Alessandro Cristiano, p68:goo922, p71:hbpro, p72:GiulianiBruno, p73:Zheltikov Dmitry, p74:Jon Ingall, p76:Kirk Fisher, p77:eversummerphoto, p78:Christina Vartanova, p81:Thomas Pajot, p82:Asya Nurullina, p84:Anamaria Mejia, p88:Nadia Turinsky, p89:Kathryn Sullivan, p90:kipgodi, p92:William In Praguem, p94:Jose HERNANDEZ Camera 51, p95:Armando Oliveira, p96:sylv1rob1, p98:Elena Dijour, p:101:Deman, p102:Nakonechnyi Oleksandr, p104:Jeppe Gustafsson, p106:prochasson frederic, p108:Ekaterina Pokrovsky, p110:polrat, p114:Wondry, p116:Maksym_K, p118:Valery Bareta, p121:Vladimir Volodin, p122:Photix, p124:Premier Photo, p126:Elena Dijour, p128:Alex Manthei, p130:Tatiana Popova, p133:Susan dos Reis DiVito, p134:IVASHstudio, p136:Ekaterina Pokrovsky, p138:Michal Ivaska, p142:AlePana, p144:wjarek, p146:Judal, p147:PhiloPhotosp, p148: Artens:Artens, p150:RossHelen, p153:rui vale sousa, p154:Darryl Brooks, p156:Elena Dijour, p157:ID-VIDEO, p158 JdelPhotos, p160:Kathryn Sullivan, p162:James Dalrymple, p164:Ritam-Dmitrii Melgunov, p168:Elena Dijour, p170:Nadia Turinsky, p172:Digoarpi, p174:Eo naya, p176:aows, p177:Stas Pro, p178:Konoplytska, p181:ipanacea, p182:Telly, p183:Ekaterina Pokrovsky, p184:Images01, p186:Orietta Gaspari, p188:Asya Nurullina,p191:Debora Mello, カバー：Tom Plevnik

feel FRANCE 100

言葉と写真で感じるフランスの暮らしとスタイル

2021 年 10 月 4 日 第 1 刷発行

編集	いろは出版
翻訳	Koto、postulate b
装丁・デザイン	22plus-design
印刷・製本	シナノパブリッシングプレス
発行者	木村行伸
発行所	いろは出版株式会社
	京都市左京区岩倉南平岡町 74
TEL	075-712-1680
FAX	075-712-1681
H P	https://hello-iroha.com
MAIL	letters@hello-iroha.com

©2021 Koto, postulate b, Printed in Japan
ISBN　978-4-86607-208-1